FERNAND DE PRAYOLS

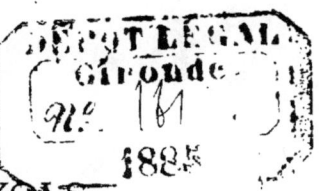

SILHOUETTES SAINTONGEAISES

NOS HOMMES POLITIQUES

M. DUCHÂTEL

BORDEAUX
IMPRIMERIE G. GOUNOUILHOU
11, — RUE GUIRAUDE, — 11

1885

NOS HOMMES POLITIQUES
———

M. DUCHÂTEL

FERNAND DE PRAYOLS

SILHOUETTES SAINTONGEAISES

NOS HOMMES POLITIQUES

M. DUCHÂTEL

BORDEAUX
IMPRIMERIE G. GOUNOUILHOU
11, — RUE GUIRAUDE, — 11

1885

M. DUCHÂTEL

—✕—

> C'est en étudiant les hommes qu'on peut se faire une idée exacte des choses et connaître tout à fait non seulement le personnel, mais le mouvement d'une époque.

Malgré dix-huit ans d'absolutisme napoléonien, le réveil de l'esprit public était à peu près général en France, en 1869. Il se manifesta, cette année, d'une façon éclatante, dans le département de la Charente-Inférieure, par le fait de la candidature libérale de M. Duchâtel, posée hardiment en face de celle du candidat du « gouvernement de l'Empereur », dans la circonscription de Jonzac.

Adversaire jugé, avec raison, redoutable par l'administration impériale, elle usa, pour le combattre, des procédés de corruption et d'intimidation qui lui étaient familiers.

Il fallait à tout prix faire échouer sa candidature : le but fut atteint; le candidat officiel fut élu.

N'importe. Le parti libéral, lui aussi, avait

*

atteint son but. Il avait affirmé son existence en luttant, et ses efforts avaient produit dans le pays un effet moral considérable.

Ce n'était pas d'ailleurs la première fois que M. Duchâtel était victime des manœuvres administratives du régime impérial. Déjà, au mois de juillet 1867, à l'occasion de sa candidature indépendante au Conseil général, pour le canton de Mirambeau, les agents du pouvoir n'avaient reculé devant aucun moyen pour fausser et faire mentir le suffrage universel.

Suspensions et révocations de maires, d'adjoints et de gardes-champêtres; faux bruits et calomnies répandus à profusion, rien ne fut épargné pour le combattre et pour assurer l'élection du candidat officiel.

Celui-ci fut élu; mais la moralité publique avait reçu une rude atteinte.

Ceux qui n'ont pas perdu le souvenir des lourdes années de la puissance impériale, seront toujours reconnaissants envers les hommes qui, à cette époque, arborèrent courageusement le drapeau de l'opposition libérale.

Fidèle aux traditions de sa famille, M. Duchâtel, comme les Casimir Périer, les Rémusat et les Montalivet, est parti du libéralisme pour aboutir à la République.

Son père, le comte Charles Tanneguy-Duchâtel, appartenait à cette forte et belle génération de 1830 qui a jeté un si vif éclat sur les arts, la littérature et la politique. Quelques années avant la chute de Charles X, il avait fondé le journal *le Globe,* où il traita de préférence les questions d'économie sociale et politique, avec une compétence et une science vraiment remarquables pour son âge ; — il avait à peine vingt-cinq ans.

Après la Révolution de 1830, ses brillantes facultés le désignèrent de prime-abord à l'attention du nouveau gouvernement. Il fut nommé conseiller d'État — il avait alors vingt-sept ans — et, en cette qualité, commissaire du Roi chargé de soutenir les discussions à la Chambre des députés. Trois ans après, les électeurs du collège de Jonzac lui confièrent le soin de les représenter et lui maintinrent son mandat pendant quinze ans. Successivement ministre du commerce, des finances et de l'intérieur, il se montra partout administrateur intelligent et habile et déploya, à la tête de ces divers départements, une grande activité, marquant toujours son passage au pouvoir par des innovations utiles.

Le comte Charles-Jacques-Marie Tanneguy-

Duchâtel est le fils de cet homme d'État distingué du règne de Louis-Philippe. Il est né, à Paris, le 19 octobre 1838.

Tandis que d'autres oublient l'exemple de leur père, M. Duchâtel a conservé le patrimoine moral qu'il avait reçu du sien et il a continué à l'accroître en servant son pays et en travaillant à le rendre libre.

L'heure des grands désastres qui venait de sonner pour la France, en 1870, le trouvait prêt à faire son devoir. Après la chute tragique de l'Empire et l'avènement sombre de la République, l'opinion l'avait désigné, un des premiers, comme un des candidats à cette Assemblée que le gouvernement de la Défense nationale avait eu, un moment, l'heureuse pensée de convoquer.

En apprenant que les gardes-nationaux allaient être mobilisés, il écrivit la lettre suivante au maire de Mirambeau :

Vendredi, 14 octobre 1870.

» Monsieur le Maire,

» Revenu depuis hier à Mirambeau, je viens d'appren-
» dre aujourd'hui, à Jonzac, que mon nom ne figure
» pas sur la liste des hommes de vingt et un à quarante
» ans, qui doivent être mobilisés.

» Dans l'impossibilité où je me trouve de rentrer à
» Paris pour y prendre mon service de garde national,
» je vous prie de m'inscrire immédiatement à Miram-
» beau.

» Les circonstances actuelles ne doivent plus nous
» commander qu'une seule et même pensée : délivrer
» notre patrie de l'invasion et de l'occupation étran-
» gère. Je serais heureux, pour ma faible part, d'y
» concourir en prenant place dans le contingent de nos
» contrées, auxquelles je n'ai pas besoin de vous répéter
» combien je suis sincèrement attaché et profondément
» dévoué. Vous connaissez mes sentiments à cet égard.

» Veuillez recevoir, Monsieur le Maire, etc., etc.

» T. Duchâtel. »

Un mois après, le 13 novembre 1870, les officiers et les délégués des compagnies mobilisées de l'arrondissement de Jonzac, réunis au chef-lieu, choisissaient M. Duchâtel pour leur commandant, à une grande majorité.

Aux élections de février 1871, 70,600 suffrages l'envoyèrent à l'Assemblée nationale, et, au mois d'octobre suivant, les électeurs du canton de Mirambeau lui confièrent le mandat de les représenter au Conseil général du département, mandat qu'ils lui ont toujours renouvelé depuis.

A l'Assemblée nationale, il alla prendre place à ce centre gauche que les promesses ni les terreurs n'ont pu entamer, et à qui la *République française*, dirigée alors par M. Gambetta, rendait un jour ce témoignage que ce groupe aura puissamment aidé à l'acclimatation et à l'affermissement de la République.

« Messieurs, on disait il y a cinquante ans que la France était centre-gauche; je crois qu'elle n'a pas changé et j'en dirai la raison : pays ami de l'ordre et de la liberté, ennemi des extrêmes, la France revient toujours à ceux qui lui parlent de modération. Elle aime surtout ceux qui ne la dédaignent pas, ceux qui n'ont pas la prétention de la régenter en la traitant comme une mineure éternelle. Elle donne sa confiance à ceux qui ont confiance en elle. »

Ces paroles que M. Édouard Laboulaye prononçait, en 1874, en sa qualité de président de la réunion du centre-gauche, sont vraies en 1885, malgré les apparences contraires.

Avec M. Thiers, avec M. Casimir Périer, avec M. de Rémusat, avec M. de Montalivet, ancien ministre de Louis-Philippe, comme son père, M. Duchâtel avait compris, dès 1871, que la monarchie était désormais synonyme d'instabilité; que fonder un gouvernement républicain, c'était faire l'économie d'une révolution et que le meilleur moyen de conserver à la France son prestige et son rang, c'était de l'empêcher de retomber sous le joug d'un maître, c'était enfin de lui donner le gouvernement de la nation par la nation, c'est-à-dire la République.

M. Duchâtel réclama à l'Assemblée nationale ce que le pays lui-même demandait, un gouvernement libre et l'ordre définitif sous la forme républicaine.

On s'étonnait à cette époque, dit M. Jules Claretie en parlant de M. Casimir Périer, de voir certains conservateurs se montrer républicains et les républicains se déclarer conservateurs. N'est-il pas vrai, pourtant, qu'à ce moment, tous ceux qui ne voulaient ni troubles ni ce « désordre moral et cette perte de dignité et d'honneur qui sont — c'est une citation, ô ironie! de M. le duc de Broglie — les fruits inévitables de l'instabilité politique dégénérée en habitude »; n'est-il pas vrai que ceux qui réclamaient la paix, le travail, la liberté de penser et de vivre, la faculté de gagner sans angoisse le pain de chaque jour, ceux-là étaient les hommes intelligents du présent et prévoyants de l'avenir, et qu'ils faisaient preuve, à la fois, de sens politique et de sens patriotique lorsqu'ils déclaraient, comme l'écrivait, au mois de juin 1874, M. de Montalivet à M. Casimir

Périer, que « le salut de la France exige impérieusement l'acceptation loyale de la République, devenu le seul gouvernement libéral possible. »

Certains adversaires, ajoute M. Claretie, affectent de ne voir dans ces conversions réfléchies que des démentis donnés par ces patriotes à leur passé. Ils feignent de ne pas comprendre qu'on peut demeurer conservateur tout en marchant en avant et que c'est même là, à dire vrai, le meilleur et le seul moyen d'être conservateur.

M. Duchâtel est un de ceux qui prennent la tête du progrès.

Le parti de l'ordre s'est maintenant déplacé. Il ne comprend plus aujourd'hui les rêveurs de restaurations monarchiques, mais bien les hommes sages et prudents qui, comme celui que nous biographions, veulent conserver la République et l'entourer d'institutions libérales, démocratiques et sagement progressives.

Ce que désire M. Duchâtel, c'est ce que veut la grande majorité de la nation française, c'est ce que demandait déjà M. Thiers en 1830, quand il disait à Lamartine :

— « Ce que je ne veux pas, c'est la République folle et suicide, la République la torche au poing, incendiant le monde et d'abord la France elle-même, au lieu de fonder... une République parlementaire et pacifique, comme la nation, pensant et travaillant, que nous avons à organiser. »

Au mois de décembre 1871, M. Duchâtel frappé, un des premiers, des graves inconvénients qui résultaient du fait que l'Assemblée nationale avait son siège à Versailles, proposa qu'elle se transportât à Paris. Dans un grand discours qu'il prononça à cette occasion, il prit éloquemment la défense de la capitale.

Écoutez ces paroles, que la gauche couvrit de ses applaudissements unanimes :

« Ne serait-il pas beaucoup plus grand, beaucoup
» plus politique, beaucoup plus digne de cette
» Assemblée de prendre une résolution virile et de
» déclarer, par un vote solennel, que nous considé-
» rons comme fermée cette ère néfaste pendant
» laquelle, par le fait de l'étranger, Paris et
» les départements se sont trouvés séparés ? Et ne
» serait-ce pas à la face de toute l'Europe d'un
» grand effet que de dire : Dans ce Paris qui, par
» un siège héroïquement soutenu, a sauvé l'hon-
» neur du pays, les députés de la France vont
» désormais, avec calme et confiance dans l'avenir,
» travailler à la réorganisation et à la grandeur
» future de la patrie ! »

Mais les passions n'étaient pas encore assez apaisées pour qu'un si noble langage pût être entendu ; sa proposition fut rejetée. Quatorze mois après, le 2 février 1872, M. Casimir Périer devait tomber du pouvoir sur cette même question du retour à Paris.

Dans l'intervalle des sessions parlementaires, M. Duchâtel prononça, à cette époque, à Mirambeau, plusieurs discours dans lesquels il affirma, avec talent et conviction, la nécessité de fonder la République et de rester un peuple libre.

Instruire, moraliser et éclairer, c'était sa façon, à lui, d'employer les vacances du représentant du peuple.

Après s'être prononcé pour la proposition Rivet, qui liait M. Thiers au sort de l'Assemblée nationale, M. Duchâtel vota pour le libérateur du territoire dans la mémorable séance du 24 mai 1873 ; et, aussi logique que résolu, il demeura fidèle à sa politique. Il fut un des adversaires du gouvernement de combat que venait d'inaugurer M. de Broglie, et se montra constamment hostile aux menées monarchiques. Il se prononça, le 19 novembre 1873, contre le septennat demandé pour M. le maréchal de Mac-Mahon. Quatre mois après, le 16 mars 1874, il contribua, par son vote, à la chute du cabinet présidé par M. le duc de Broglie et combattit ensuite, de toutes ses forces, la politique réactionnaire du ministère Buffet.

Mais le vote le plus important de M. Duchâtel à l'Assemblée nationale, celui qui lui fait le plus d'honneur est, sans contredit, celui qu'il a émis dans la séance, désormais historique, du 25 février 1875.

Le pays était fatigué de l'incertitude dans laquelle les divisions de la Chambre le condamnaient à vivre depuis trop longtemps. Il demandait avec instance à ses représentants de substituer enfin un état définitif au provisoire énervant dont il souffrait depuis cinq ans.

Le danger devenait d'ailleurs de jour en jour plus pressant. « Le spectre du Deux-Décembre se dressait déjà derrière la tribune française, comme le spectre de Banquo au souper de Macbeth, avec cette différence que, cette fois, loin d'être la victime, Banquo était le bourreau. »

Se rappelle-t-on la joie que produisit dans toute la France la nouvelle inattendue que l'Assemblée nationale venait, à une voix de majorité, d'adopter un amendement présenté par M. Wallon, qui impliquait la reconnaissance de la République?

Un sentiment de reconnaissance général s'échappa de tous les cœurs à l'adresse des députés patriotes qui, à l'exemple de M. Duchâtel, venaient de voter cette Constitution républicaine qui mettait un terme aux hésitations et aux atermoiements.

Le pays savait enfin sous quel régime il devait vivre désormais !

Aussi, M. Duchâtel pouvait écrire, sans crainte d'être démenti, dans la profession de foi qu'il adressait à ses concitoyens, à l'occasion des élections du 20 février 1876 : « Amené par les événe-
» ments à décider des plus graves intérêts de la
» patrie, je ne me suis proposé qu'un seul but :
» le relèvement moral et matériel de la France par
» le travail, l'instruction, l'apaisement des esprits,
» l'affermissement de l'ordre, du crédit et de la
» prospérité.
» Jamais, à aucune époque, je n'ai cessé de
» défendre la politique conservatrice.
» Je ne comprends pas, il est vrai, comme cer-
» tains hommes vous l'enseignent, cette politique
» associée au règne de l'arbitraire et aux sacrifices
» de nos droits. »

Non, M. Duchâtel n'est pas de ceux qui sont tout prêts à vendre leur liberté à César pour avoir le repos. Il est de ceux, au contraire, qui se passeraient de ce repos factice, qui n'est que le pseudonyme de la servitude, pour avoir la liberté, même périlleuse.

Le parti bonapartiste, encore tout-puissant à cette époque dans l'arrondissement de Jonzac, mit tout en œuvre pour faire échec à la candidature républicaine de M. Duchâtel. Il exploita contre elle tous les préjugés encore vivaces dans cette contrée, préjugés qui consistent surtout à confondre, dans un même anathème et sous une même épithète, l'homme de bien qui ne cherche qu'à assurer la grandeur et la liberté de son pays, avec ceux qui, par leurs théories subversives, le précipiteraient vers la ruine. Mais ce fut en vain que les républicains essayèrent de démontrer aux populations que l'on abusait, qu'un homme d'une autorité pareille à celle du maire de Mirambeau ne pouvait être un ennemi de la société ni un perturbateur dangereux.

Si M. Duchâtel avait été alors élu député, ses votes à l'Assemblée nationale et ses déclarations à propos de la lutte qu'il venait de soutenir, ne peuvent laisser aucun doute sur l'attitude qu'il eût prise à la Chambre nouvelle.

Il eût été assurément un des 363.

Chose étrange, pourtant! L'ignorance et le parti pris l'ont accusé plus tard de s'être rallié à la politique du Seize-Mai, qu'il combattait depuis six ans!

A l'appui de cette opinion, on cite une lettre que M. Duchâtel écrivit à cette époque au directeur du *Journal de Jonzac*. Or, il suffit d'en rappeler les termes pour montrer l'inanité et le peu de fondement d'une semblable accusation.

Ce journal avait soutenu M. Duchâtel lorsqu'en 1876 il avait lutté vaillamment, le drapeau de la République à la main, contre M. R. Eschasseriaux. Dès que l'acte coupable suggéré à M. de Mac-Mahon par MM. de Broglie, de Fourtou et consorts fut accompli, il se rangea de suite du côté des adversaires de ceux qui venaient d'inaugurer la triste politique que l'on sait. Mais son rédacteur, sous l'empire d'une indignation que beaucoup ressentirent à cette époque, ne se contenta pas d'attaquer vigoureusement le régime nouveau, il s'en prit à la personne du maréchal de Mac-Mahon, contre laquelle il dirigea une série d'attaques d'une violence extrême. C'est alors que M. Duchâtel, cédant à un sentiment respectable et facile à comprendre, écrivit la lettre suivante :

« Paris, ce 3 juin 1877.

» MONSIEUR LE PROPRIÉTAIRE-GÉRANT,

» L'appui qu'aux élections générales de 1876 ma
» candidature a pu recevoir de votre journal, fournit
» à certains de mes adversaires prétexte pour établir

» entre des appréciations récemment émises par le
» *Journal de Jonzac* et mes opinions personnelles une
» solidarité que je repousse absolument.

» Malgré la réserve que je me suis imposée depuis le
» moment où j'ai été éloigné de la vie politique et parle-
» mentaire, je ne saurais aujourd'hui m'associer par
» mon silence à des attaques ou à des insinuations qui
» visent la personne et le caractère de M. le Président
» de la République. Je déclare, au contraire, que je les
» désapprouve de la façon la plus formelle.

» En vous priant d'insérer cette lettre dans votre
» plus prochain numéro, je vous renouvelle, Mon-
» sieur le Propriétaire-Gérant, l'assurance de ma consi-
» dération distinguée.

» T. Duchâtel. »

Eh bien ! je le demande à quiconque est de bonne foi : y a-t-il dans cette lettre une phrase, un mot, ou simplement une allusion pouvant s'interpréter comme une adhésion à la politique du Seize-Mai ? Ce que voulait seulement M. Duchâtel, c'était de ne pas « paraître s'associer à des attaques visant la PERSONNE du Président de la République »; mais à l'égard de sa nouvelle POLITIQUE, il observe un silence absolu, que les partisans du Seize-Mai considérèrent alors, et cela très justement, comme une protestation de sa part.

Je suis vraiment presque confus d'insister : car s'il ne fallait pas toujours opposer la vérité à l'erreur, l'accusation que l'on a fait planer sur M. Duchâtel de s'être rangé, en 1877, du côté des hommes qui prétendaient faire « marcher la France », ne vaudrait pas la peine d'être discutée. Elle n'est pas sérieuse, parce qu'elle ne repose sur aucune appréciation ayant même l'apparence d'un fondement.

Toujours prêt à servir son pays, M. Duchâtel accepta, au mois d'octobre 1876, la mission de représenter la France à Copenhague, en qualité de ministre plénipotentiaire. En 1878, il fut appelé à remplir les mêmes fonctions à Bruxelles et, au mois d'avril 1880, un décret du Président de la République, M. Grévy, le nomma, sur la proposition de M. de Freycinet, ambassadeur à Vienne.

La croix de chevalier de la Légion d'honneur, qu'il obtint en 1877, et celle d'officier, en 1880, furent la récompense des services qu'il rendait dans les différents postes diplomatiques où la confiance du gouvernement de la République l'avait appelé.

On se rappelle le trouble jeté dans le monde politique par le manifeste publié, le 15 janvier 1883, par le prince Napoléon. Cet incident provoqua à la Chambre une proposition due à l'initiative d'un député et tendant à interdire le séjour du territoire français aux membres des familles ayant régné en France et à les priver de leurs droits politiques.

Des dissentiments graves se produisirent aussitôt à ce sujet au sein du Cabinet, présidé par un vieux et intègre républicain, M. Duclerc.

Il avait de suite compris, avec plusieurs de ses collègues, que la Chambre venait de s'engager sur une pente qui pouvait devenir fatale. Des organes du radicalisme intransigent demandaient déjà, en effet, l'expulsion des gros financiers, des banquiers israélites, de MM. de Rothschild notamment, dont l'immense fortune violait, paraît-il, les principes d'une saine démocratie.

Le 28 janvier 1883, M. Duclerc, ministre des affaires étrangères, M. le général Billot, ministre de la guerre, et M. l'amiral Jauréguiberry, ministre de la marine, qui désapprouvaient les mesures violentes et exceptionnelles, donnèrent leur démission.

M. Duchâtel, alors ambassadeur en Autriche, opposé, lui aussi, comme tant d'autres républicains des plus sincères, au vieux régime de persécution que l'on semblait vouloir réintroduire en France, crut devoir suivre son chef hiérarchique dans sa retraite.

Grand propriétaire foncier, M. Duchâtel s'intéresse d'une manière toute particulière aux questions agricoles. Les membres de la Société d'agriculture de l'arrondissement de Jonzac, fondée en 1833, sous les auspices de son père, alors ministre de l'agriculture, savent avec quelle inépuisable générosité il met depuis longtemps à la disposition du Comice les objets d'art, les médailles et les livres agricoles pour être distribués en prix à chaque concours annuel.

A l'Assemblée départementale, il a toujours appuyé toutes les propositions ayant pour objet la diminution de la contribution foncière.

En 1883, les électeurs du canton de Mirambeau, qu'il représente au Conseil général depuis 1871, lui renouvelèrent son mandat. « Au point de vue
» politique, disait-il dans la circulaire qu'il leur
» adressait à cette occasion, je n'ai rien à modifier
» dans mes déclarations antérieures. Depuis que je
» suis entré dans la vie publique, vous connaissez
» mes paroles et mes actes. Candidat indépendant,
» j'ai lutté sous l'empire pour conquérir ce que
» M. Thiers appelait avec raison les libertés néces-
» saires; député à l'Assemblée nationale, j'ai de-
» mandé aux institutions républicaines les garanties
» propres à assurer la conquête de ces libertés.
» Fidèle aux principes que nous avons toujours
» soutenus en commun, également hostile aux doc-
» trines autoritaires et aux expédients révolution-
» naires, jamais je ne déserterai la défense de cette

» politique modérée, conciliante, pacifique, libé-
» rale, qui dans ma pensée est inséparable des
» intérêts bien entendus de la République et de la
» grandeur de la France. »

On le voit, le passé de l'homme dont nous esquissons ici la physionomie, permet de le ranger parmi les représentants les plus nets et les plus inattaquables de ce qu'on nomme l'honneur politique et la droiture dans la vie publique.

La loyauté de sa nature apparaît dans toute sa personne. De haute taille et élancé, il possède un grand cachet de distinction. Son visage, encadré par toute la barbe, est bien éclairé par des yeux bleus très ouverts et très francs. Son sourire et ses manières accueillantes le rendent de prime abord on ne peut plus sympathique.

Un de ces hommes dont on a pu dire, avec raison, qu'il y a non seulement un grand avantage pour la République à ce qu'ils aient leur place dans le Parlement, mais encore que c'est un grand honneur pour les collèges électoraux qui les y envoient d'être représentés par eux.

Bordeaux. — Imp. G. Gounouilhou, rue Guiraude, 11.

www.ingramcontent.com/pod-product-compliance
Lightning Source LLC
Chambersburg PA
CBHW060516050426
42451CB00009B/1007